школа - şcoală 2
путешествие - călătorie 5
транспорт - transport 8
город - oraş 10
ландшафт - peisaj 14
ресторан - restaurant 17
супермаркет - supermarket 20
напитки - băuturi 22
еда - mâncare 23
ферма - gospodărie ţărănească 27
дом - casă 31
гостиная - cameră de zi 33
кухня - bucătărie 35
ванная комната - baie 38
детская комната - camera copiilor 42
одежда - îmbrăcăminte 44
офис - birou 49
экономика - economie 51
профессии - ocupaţii 53
инструменты - instrumente 56
музыкальные инструменты - instrumente muzicale 57
зоопарк - grădină zoologică 59
спорт - sport 62
действия - activităţi 63
семья - familie 67
тело - corp 68
больница - spital 72
неотложный случай - urgenţă 76
земля - pământ 77
часы - ceas 79
неделя - săptămână 80
год - an 81
формы - forme 83
цвета - culori 84
противоположности - antonime 85
цифры - cifre 88
языки - limbi 90
кто / что / как - cine/ce/cum 91
где - unde 92

Impressum
Verlag: BABADADA GmbH, Nedderfeld 112 , 22529 Hamburg
Geschäftsführer / Verlagsleitung: Harald Hof
Druck: Books on Demand GmbH, In de Tarpen 42, 22848 Norderstedt

Imprint
Publisher: BABADADA GmbH, Nedderfeld 112 , 22529 Hamburg, Germany
Managing Director / Publishing direction: Harald Hof
Print: Books on Demand GmbH, In de Tarpen 42, 22848 Norderstedt, Germany

делить
a împărți

`186/2`

доска
tablă

классная комната
sală de clasă

школьный двор
curte a școlii

учитель
profesor

бумага
hârtie

писать
a scrie

ручка
instrument de scris

_____енный стол
masa de birou

линейка
riglă

книга
carte

ученик
elev

ранец

ghiozdan

пенал

penar

карандаш

creion

точилка

ascuțitoare

ластик

radieră

альбом для рисования

bloc de desen

рисунок

desen

кисточка

pensulă

коробка красок

cutie de acuarele

ножницы

foarfece

клей

lipici

тетрадь

caiet de exerciţii

домашняя работа

temă

12

цифра

număr

2+2

прибавлять

a aduna

5-2

вычитать

a scădea

2×2

умножать

a multiplica

считать

a calcula

A

буква

literă

ABCDEFG
HIJKLMN
OPQRSTU
VWXYZ

алфавит

alfabet

слово

cuvânt

текст

text

читать

a citi

мел

cretă

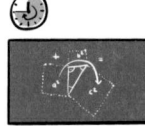

урок

oră

классный журнал

catalog

экзамен

examen

диплом

certificat

школьная форма

uniformă școlară

образование

educație

энциклопедия

enciclopedie

университет

universitate

микроскоп

microscop

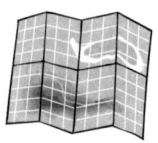

карта

hartă

корзина для бумаг

coș de gunoi

путешествие
călătorie

гостиница
hotel
Grand
турбаза
hostel
ROOMS
EXCHANGE
пункт обмена валюты
casă de schimb valutar
чемодан
valiză
автомобиль
autovehicul

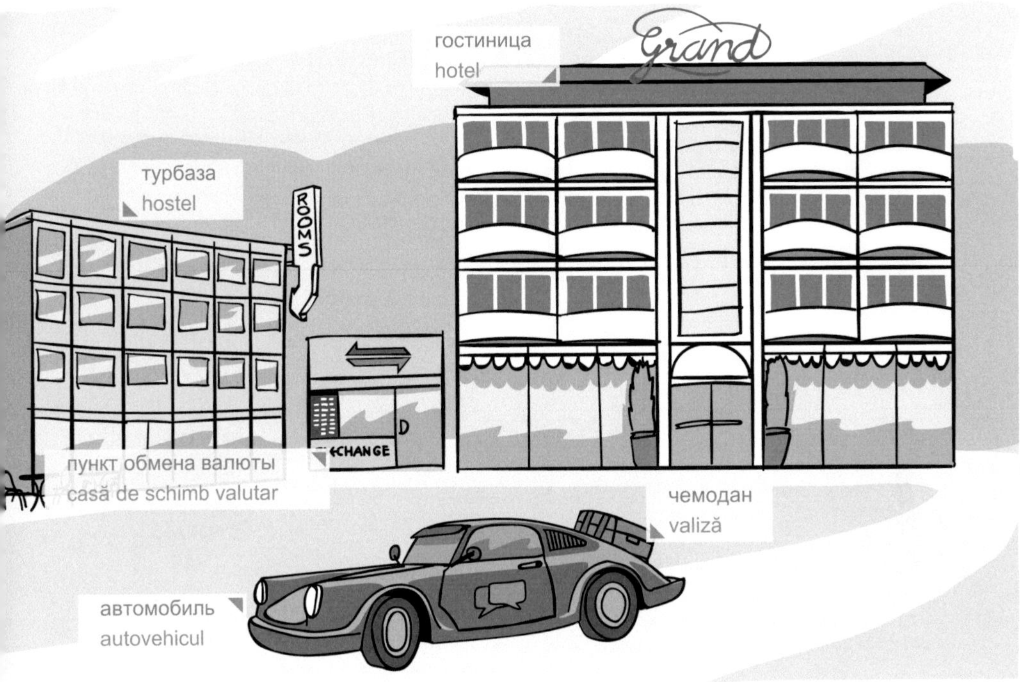

язык

limbă

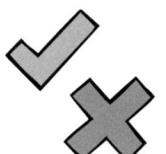

да / нет

da/nu

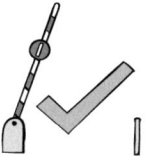

хорошо

okay

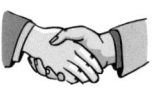

Привет

Bună!

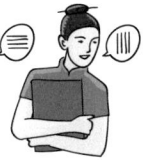

переводчик

interpret

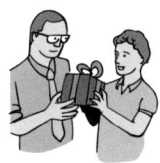

Спасибо

mulțumesc

Сколько стоит…?

Cât costă…?

Я не понимаю

Nu înțeleg

проблема

problemă

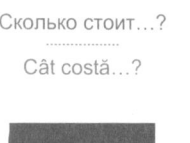

Добрый вечер!

Bună seara!

Доброе утро!

Bună dimineața!

Доброй ночи!

Noapte bună!

До свидания

la revedere

направление

direcție

багаж

bagaj

сумка

geantă

рюкзак

rucsac

гость

oaspete

комната

cameră

спальный мешок

sac de dormit

палатка

cort

туристическая
информация
unct de informare turistică

пляж

plajă

кредитная карточка

carte de credit

завтрак

mic dejun

обед

masa de prânz

ужин

cină

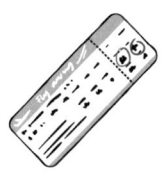

билет

bilet de călătorie

лифт

lift

почтовая марка

timbru poştal

граница

graniţă

таможня

vamă

посольство

ambasadă

виза

viză

паспорт

paşaport

транспорт
transport

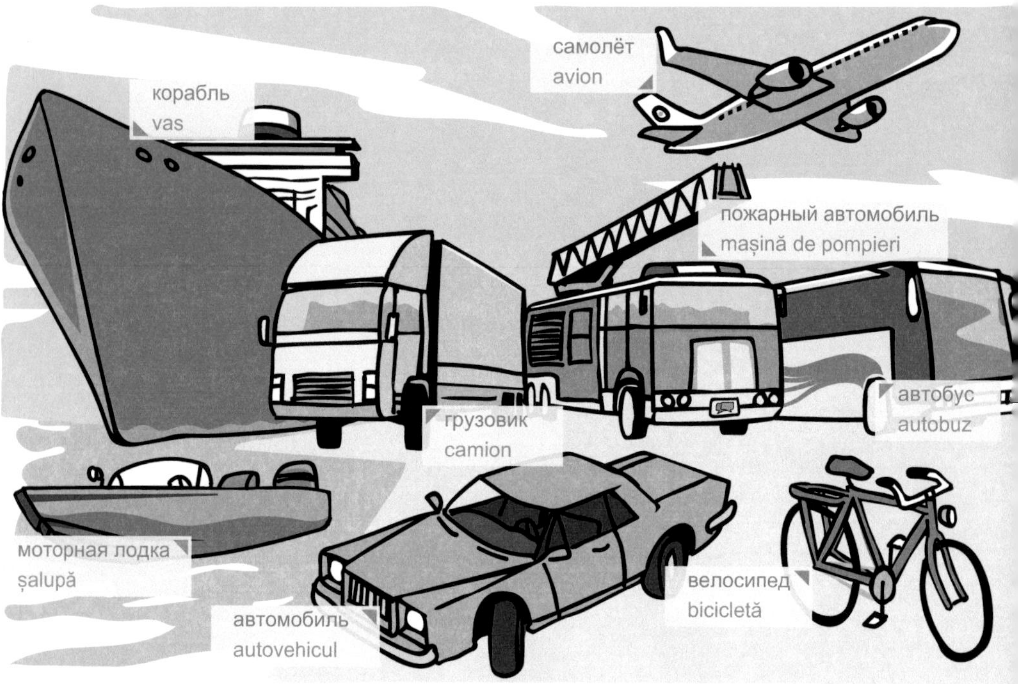
самолёт
avion
корабль
vas
пожарный автомобиль
mașină de pompieri
автобус
autobuz
грузовик
camion
моторная лодка
șalupă
велосипед
bicicletă
автомобиль
autovehicul

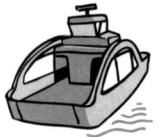

паром

feribot

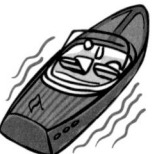

лодка

barcă

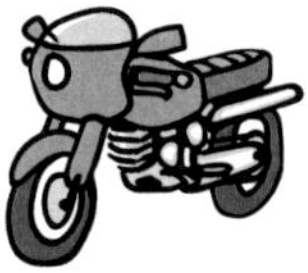

мотоцикл

motocicletă

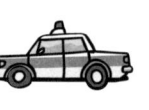

полицейский автомобиль

mașină de poliție

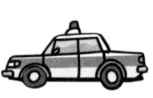

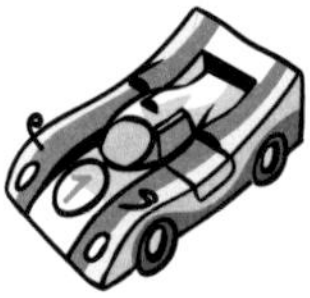

гоночный автомобиль

mașină de curse

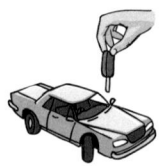

арендованный автомобиль

mașină închiriată

совместное пользование
автомобилями

car sharing

буксировочный
автомобиль
mașină de tractat

мусоровоз

mașină de gunoi

двигатель

motor

топливо

combustibil

заправка

benzinărie

дорожный знак

semn de circulație

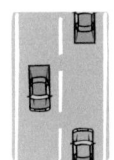

движение

trafic

пробка

ambuteiaj

автостоянка

parcare

вокзал

gară

рельсы

șine

поезд

tren

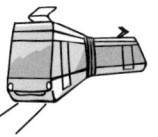

трамвай

tramvai

вагон

vagon

вертолёт

elicopter

аэропорт

aeroport

вышка

turn

пассажир

pasager

контейнер

container

коробка

carton

тележка

căruță

корзина

coș

взлетать / приземляться

a decola/a ateriza

город

oraș

деревня

sat

центр города

centru

дом

casă

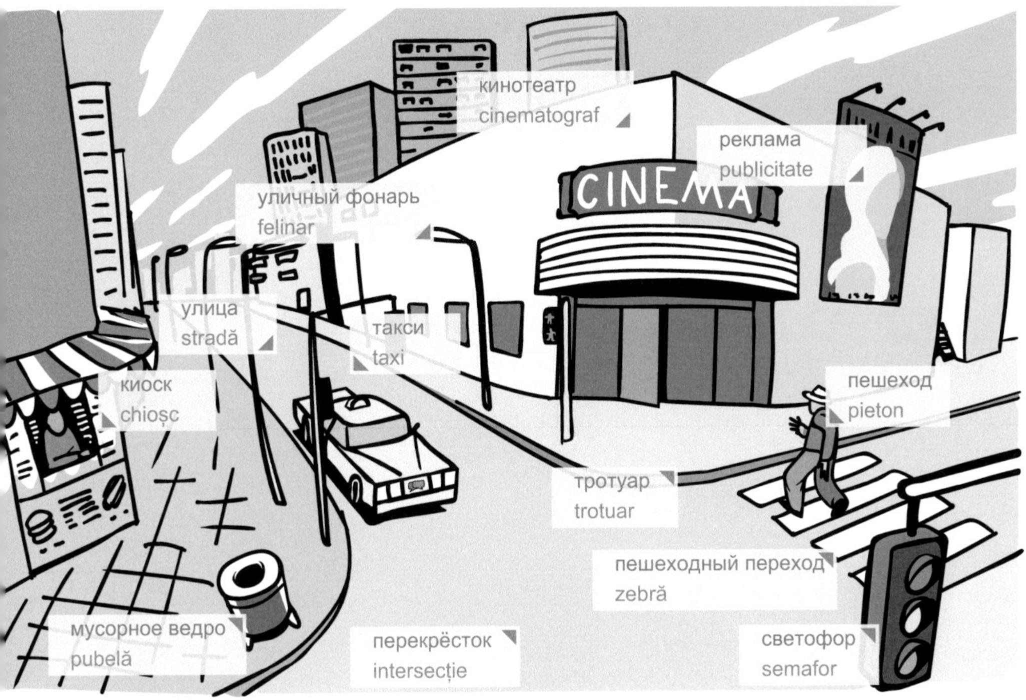

кинотеатр
cinematograf
CINEMA
реклама
publicitate
уличный фонарь
felinar
улица
stradă
такси
taxi
киоск
chioșc
пешеход
pieton
тротуар
trotuar
пешеходный переход
zebră
мусорное ведро
pubelă
перекрёсток
intersecție
светофор
semafor

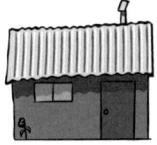

хижина
cabană

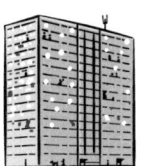

квартира
apartament

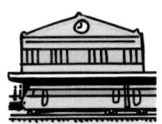

вокзал
gară

ратуша
primărie

MUSEUM

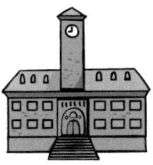

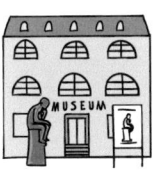

музей
muzeu

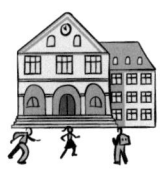

школа
școală

университет

universitate

банк

bancă

больница

spital

гостиница

hotel

аптека

farmacie

офис

birou

книжный магазин

librărie

магазин

magazin

цветочный магазин

florărie

супермаркет

supermarket

рынок

piață

универмаг

magazin universal

торговец рыбой

comerciant de pește

торговый центр

centru comercial

порт

port

парк

parc

скамейка

bancă

мост

pod

лестница

trepte

метро

metrou

тоннель

tunel

автобусная остановка

stație de autobuz

бар

bar

ресторан

restaurant

почтовый ящик

cutie poștală

табличка с названием улицы

tăbliță indicatoare cu numele străzii

паркометр

parcometru

зоопарк

grădină zoologică

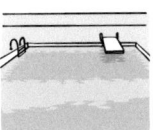

бассейн

piscină

мечеть

moschee

ферма

gospodărie țărănească

загрязнение окружающей среды

poluare

кладбище

cimitir

церковь

biserică

детская площадка

loc de joacă

храм

templu

ландшафт

peisaj

лист
frunză

дорожный указатель
indicator

дорога
drum

луг
pajiște

камень
piatră

путешественник
drumeț

дерево
copac

река
râu

трава
iarbă

цветок
floare

долина

vale

гора

deal

озеро

lac

лес

pădure

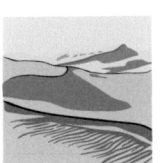

пустыня

deșert

вулкан

vulcan

замок

castel

радуга

curcubeu

гриб

ciupercă

пальма

palmier

комар

țânțar

муха

muscă

муравей

furnică

пчела

albină

паук

păianjen

ландшафт - peisaj

жук

gândac

лягушка

broască

белка

veveriţă

еж

arici

заяц

iepure

сова

bufniţă

птица

pasăre

лебедь

lebădă

кабан

porc mistreţ

олень

cerb

лось

elan

плотина

dig

ветряной генератор

turbină eoliană

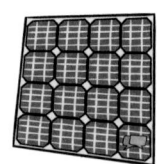

солнечная батарея

panou solar

климат

climă

ландшафт - peisaj

ресторан
restaurant

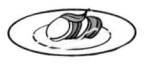

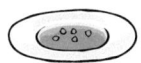

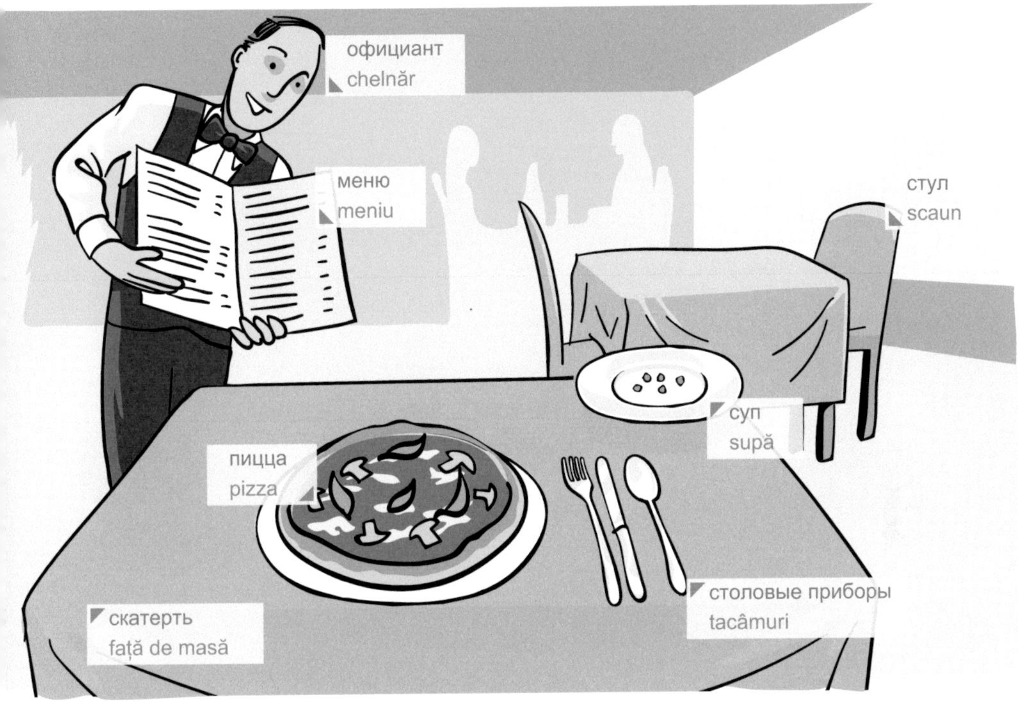

официант
chelnăr
меню
meniu
стул
scaun
суп
supă
пицца
pizza
столовые приборы
tacâmuri
скатерть
față de masă

закуска

antreu

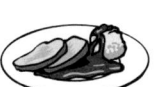

главное блюдо

fel principal

десерт

desert

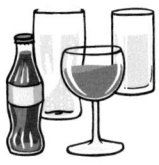

напитки

băuturi

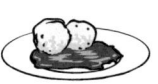

еда

mâncare

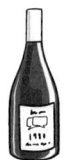

бутылка

sticlă

фастфуд

fastfood

уличная еда

streetfood

чайник

ceainic

сахарница

zaharniță

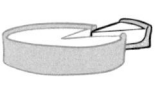

порция

porție

кофеварка

espressor

детский стульчик

scaun înalt (pentru copii)

счет

factură

поднос

tavă

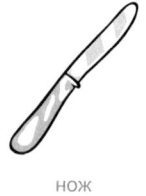

нож

cuțit

вилка

furculiță

ложка

lingură

чайная ложка

linguriță

салфетка

șervețel

стакан

pahar

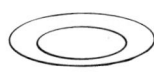

тарелка

farfurie

суповая тарелка

farfurie de supă

блюдце

farfurie

соус

sos

солонка

solniță

мельница для перца

râșniță de piper

уксус

oțet

масло

ulei

специи

condimente

кетчуп

ketchup

горчица

muștar

майонез

maioneză

супермаркет
supermarket

специальное предложение
ofertă
FOR
покупатель
client
молочные продукты
produse lactate
фрукты
fructe
тележка для покупок
cărucior de cumpărături

BUTCHERS

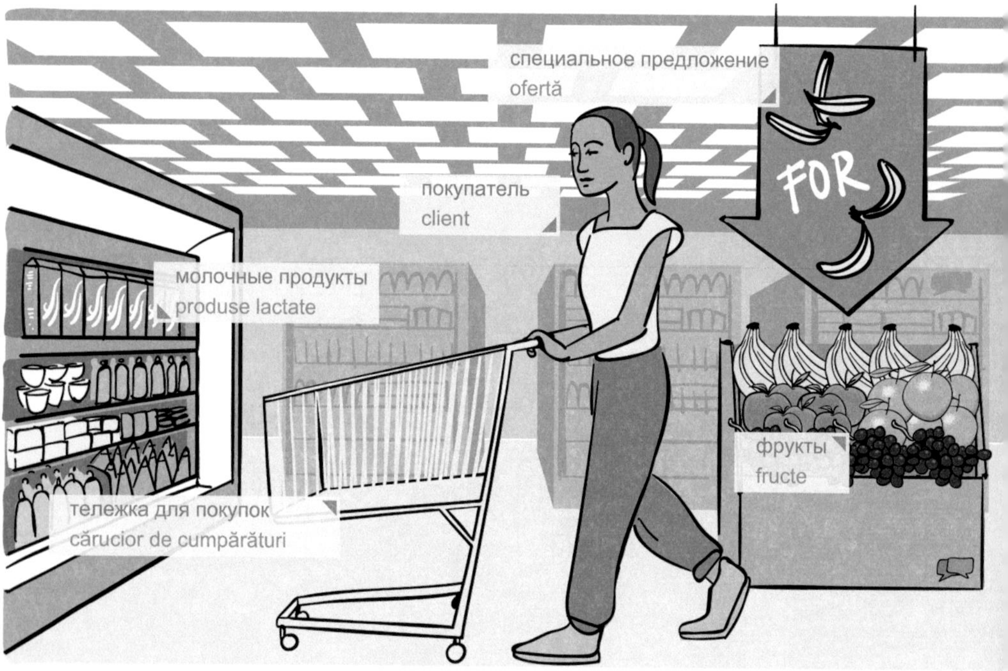

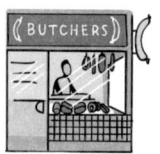

мясной магазин

măcelărie

BAKERY

пекарня

brutărie

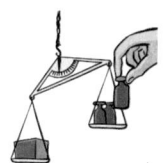

взвешивать

a cântări

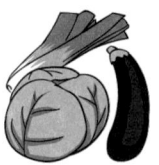

овощи

legume

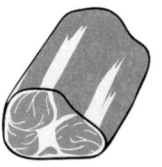

мясо

carne

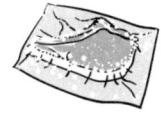

быстрозамороженные продукты

alimente refrigerate

нарезка

ezeluri și brânzeturi feliate

консервы

conserve

стиральный порошок

detergent

сладости

dulciuri

предмет домашнего обихода

articole de menaj

моющее средство

produse de curățenie

продавщица

vânzătoare

касса

casă

кассир

casier

список покупок

listă de cumpărături

время работы

orar

бумажник

portmoneu

кредитная карточка

carte de credit

сумка

geantă

полиэтиленовый пакет

pungă de plastic

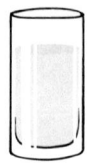

вода

apă

сок

suc

молоко

lapte

кока-кола

cola

вино

vin

пиво

bere

алкоголь

alcool

какао

cacao

чай

ceai

кофе

cafea

эспрессо

espresso

капучино

cappucino

банан

banane

яблоко

măr

апельсин

portocală

арбуз

pepene

лимон

lămâie

морковь

morcov

чеснок

usturoi

бамбук

bambus

лук

ceapă

гриб

ciupercă

орехи

nuci

лапша

paste făinoase

спагетти

spagheti

рис

orez

салат

salată

картофель фри

cartofi prăjiți

жареный картофель

cartofi țărănești

пицца

pizza

гамбургер

hamburger

сэндвич

sandwich

шницель

șnițel

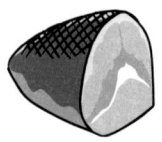

ветчина

șuncă

салями

salam

колбаса

cârnați

курица

pui

жаркое

friptură

рыба

pește

овсяные хлопья

fulgi de ovăz

мюсли

musli

кукурузные хлопья

cereale

мука

făină

круассан

corn

булочка

chifle

хлеб

pâine

тост

pâine prăjită

печенье

biscuiți

масло

unt

творог

brânză de vaci

пирог

prăjitură

яйцо

ou

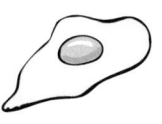

яичница

ouă ochiuri

сыр

brânză

мороженое

îngheţată

сахар

zahăr

мёд

miere

мармелад

marmeladă

крем с нугой

cremă nuga

карри

curry

ферма

gospodărie ţărănească

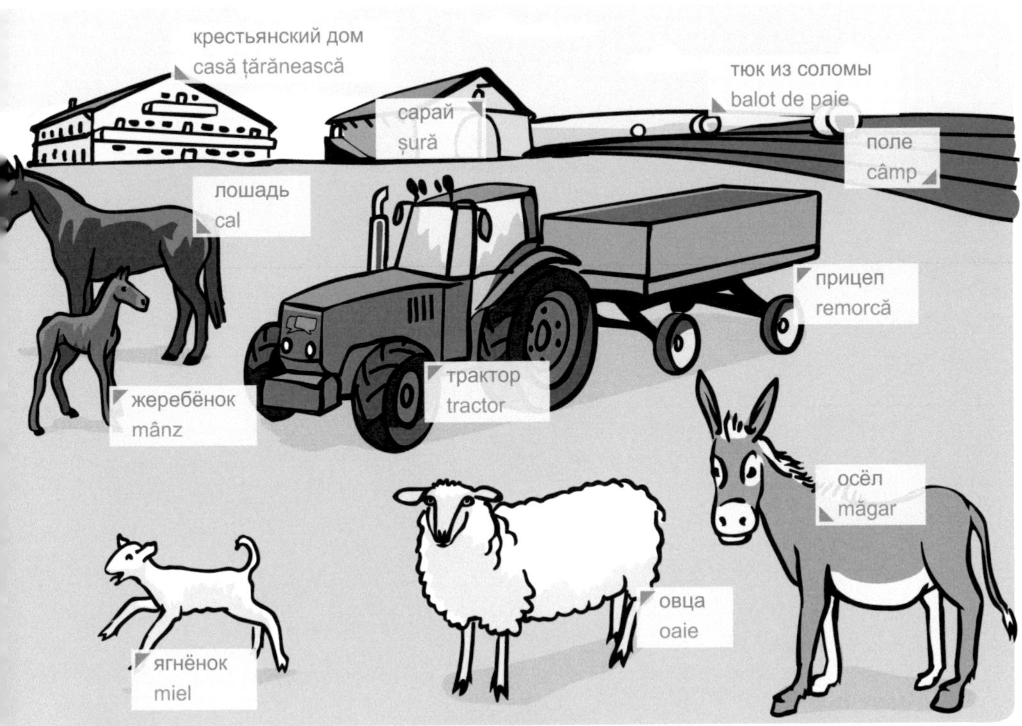
крестьянский дом
casă ţărănească
сарай
şură
тюк из соломы
balot de paie
поле
câmp
лошадь
cal
прицеп
remorcă
трактор
tractor
жеребёнок
mânz
осёл
măgar
овца
oaie
ягнёнок
miel

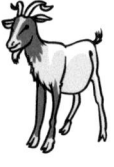

коза

capră

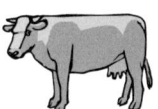

корова

vacă

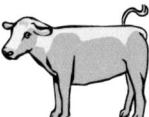

телёнок

viţel

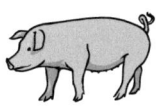

свинья

porc

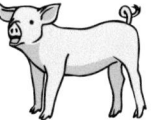

поросёнок

purcel

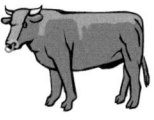

бык

taur

гусь

găină

утка

rață

цыплёнок

pui

курица

găină

петух

cocoș

крыса

șobolan

кошка

pisică

мышь

șoarece

вол

bou

собака

câine

конура

cușcă

садовый шланг

furtun de grădină

лейка

stropitoare

коса

coasă

плуг

plug

ферма - gospodărie țărănească

серп

seceră

мотыга

sapă

навозные вилы

furcă

топор

secure

тачка

roabă

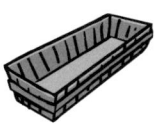

корыто

troacă

бидон для молока

cană pentru lapte

мешок

sac

забор

gard

хлев

grajd

теплица

seră

почва

sol

посев

sămânţă

удобрение

fertilizator

комбайн

combină de treierat

ферма - gospodărie ţărănească

собирать урожай

a culege

урожай

recoltă

ямс

cartof yam

пшеница

grâu

соя

soia

картофель

cartof

кукуруза

porumb

рапс

rapiță

фруктовое дерево

pom fructifer

маниок

manioc

злаки

cereale

дом
casă

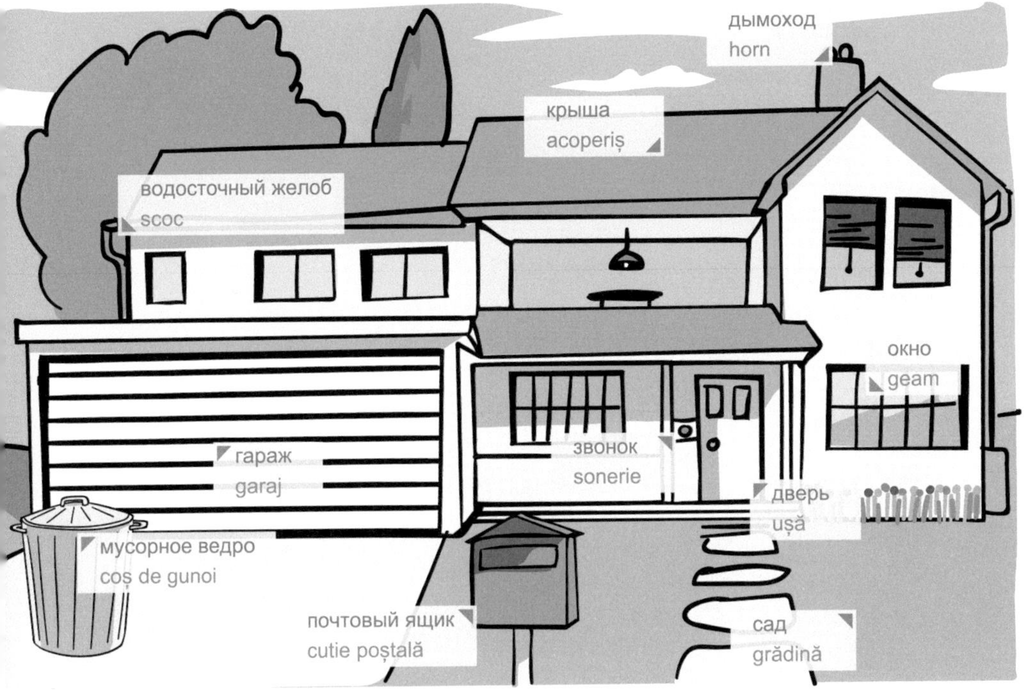
дымоход
horn
крыша
acoperiș
водосточный желоб
scoc
окно
geam
гараж
garaj
звонок
sonerie
дверь
ușă
мусорное ведро
coș de gunoi
почтовый ящик
cutie poștală
сад
grădină

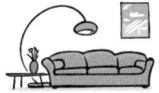

гостиная

camеră de zi

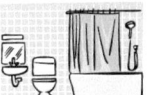

ванная комната

baie

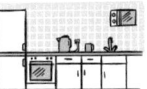

кухня

bucătărie

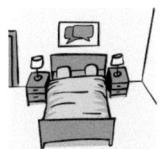

спальня

dormitor

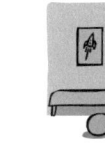

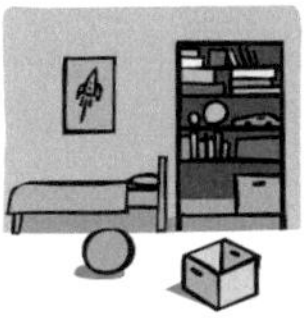

детская комната

camera copiilor

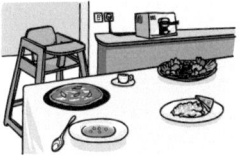

столовая

sufragerie

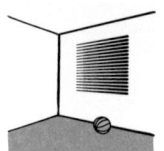

пол

podea

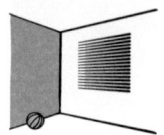

стена

perete

потолок

tavan

подвал

pivniță

сауна

saună

балкон

balcon

терраса

terasă

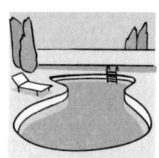

бассейн

piscină

газонокосилка

mașină de tuns iarba

пододеяльник

cearșaf

покрывало

cuvertură

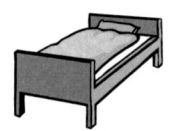

кровать

pat

метла

mătură

ведро

găleată

выключатель

întrerupător

гостиная
cameră de zi

обои
tapet
рисунок
pictură
лампа
lampă
полка
raft
шкаф
dulap
телевизор
televizor
камин
șemineu
цветок
floare
подушка
pernă
диван
sofa
ваза
vază
пульт дистанционного управления
telecomandă

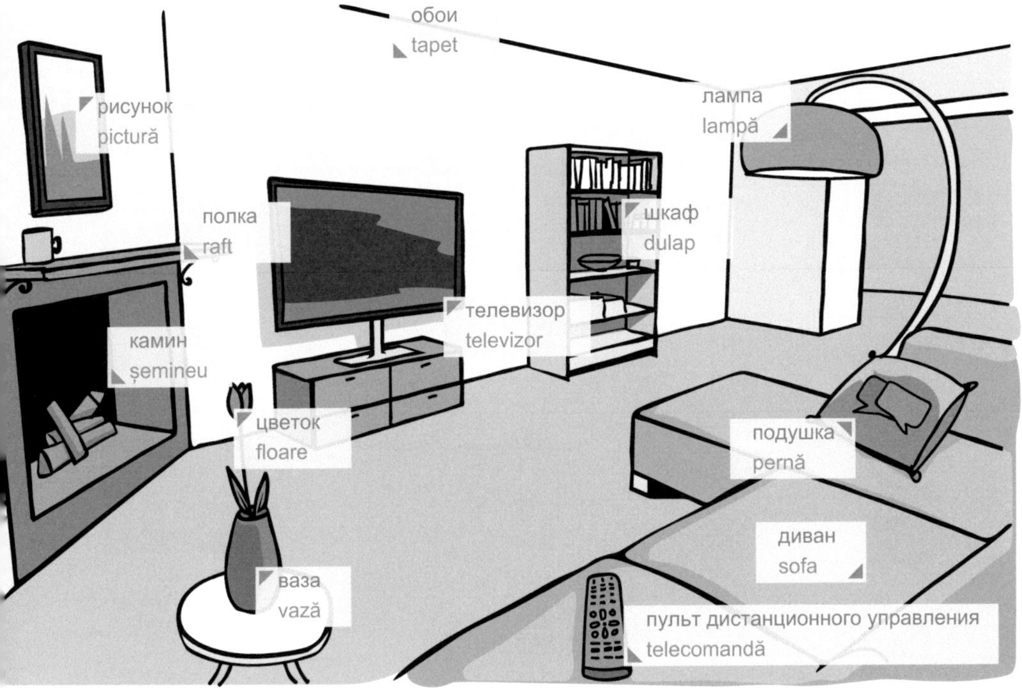

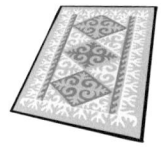

ковёр

covor

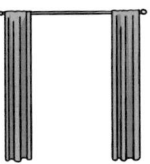

штора

perdea

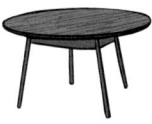

стол

masă

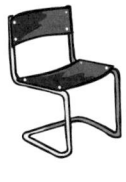

стул

scaun

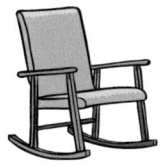

кресло-качалка

balansoar

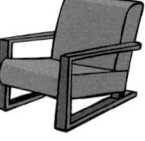

кресло

fotoliu

книга

carte

покрывало

pătură

украшение

decoraţiune

дрова

lemn de foc

фильм

film

стереосистема

instalaţie stereo

ключ

cheie

газета

ziar

картина

desen

плакат

poster

радио

radio

блокнот

caiet de notiţe

пылесос

aspirator

кактус

cactus

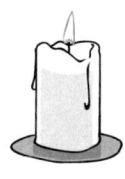

свеча

lumânare

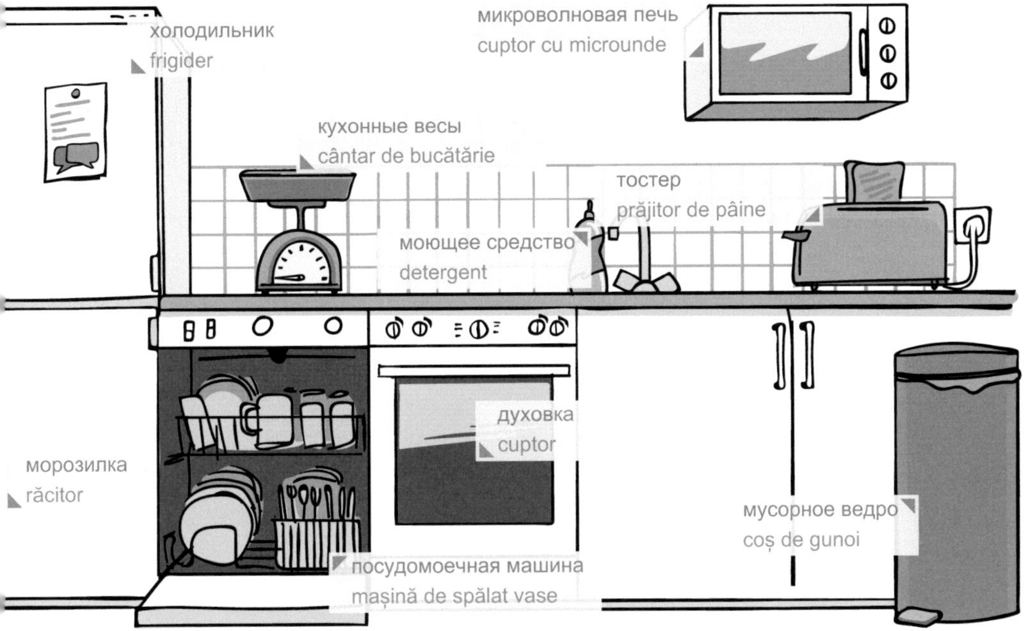

холодильник
frigider

микроволновая печь
cuptor cu microunde

кухонные весы
cântar de bucătărie

тостер
prăjitor de pâine

моющее средство
detergent

духовка
cuptor

морозилка
răcitor

мусорное ведро
coş de gunoi

посудомоечная машина
maşină de spălat vase

плита
cuptor

кастрюля
oală

чугунный котелок
oală de metal

вок / кадай
wok/kadai

сковорода
tigaie

чайник
ceainic

пароварка

oală de gătit cu aburi

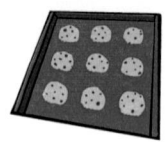

противень

tavă de copt

посуда

veselă

кружка

pahar

миска

bol

палочки для еды

bețișoare

половник

polonic

лопатка

spatulă

сбивалка

tel

сито

sită

сито

sită

тёрка

răzătoare

ступка

mojar

гриль

grătar

костёр

loc pentru grătar

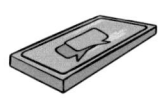

доска

tocător

скалка

sucitor

штопор

tirbușon

жестяная банка

conservă

консервный нож

deschizător de conserve

прихватка

șervete termice

раковина

chiuvetă

щетка

perie

губка

burete

миксер

mixer

морозильная камера

ladă frigorifică

бутылочка для кормления

biberon

кран

robinet

ванная комната

baie

отопление
încălzire
душ
duș
полотенце
prosop
душевая занавеска
perdea de duș
пенистая ванна
baie cu spumă
ванна
cadă
стакан
pahar
стиральная машина
mașină de spălat
кран
robinet
плитка
gresie
горшок
oală de noapte
раковина
chiuvetă

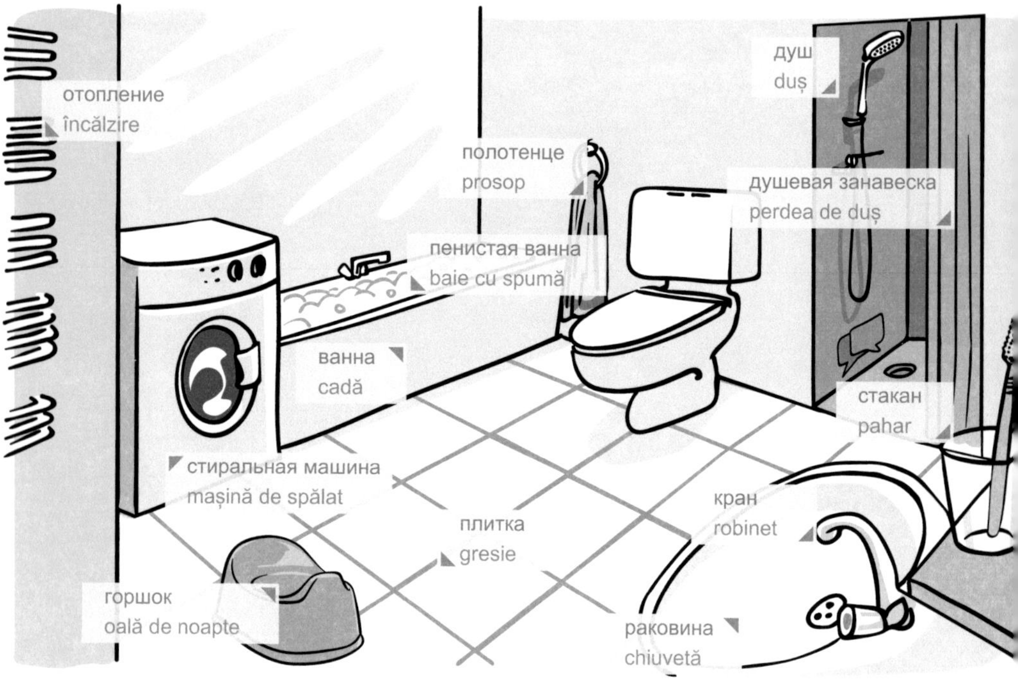

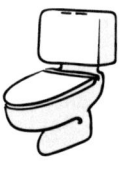

туалет

toaletă

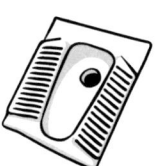

напольный унитаз

toaletă turcescă

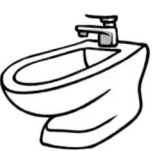

биде

bideu

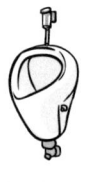

писсуар

pisoir

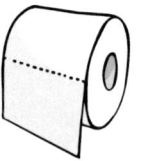

туалетная бумага

hârtie igienică

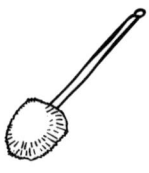

ершик

perie de toaletă

зубная щетка

periuță de dinți

зубная паста

pastă de dinți

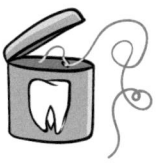

зубная нить

ață dentară

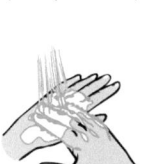

мыть

a spăla

ручной душ

cap de duș

интимный душ

duș intim

таз

lavoar

щетка для спины

perie pentru spate

мыло

săpun

гель для душа

gel de duș

шампунь

șampon

мочалка

cârpă de spălat

сток

scurgere

крем

cremă

дезодорант

deodorant

ванная комната - baie

зеркало

oglindă

ручное зеркало

oglindă cosmetică

бритва

aparat de ras

пена для бритья

spumă de ras

лосьон после бритья

aftershave

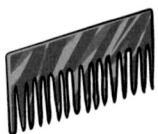

расческа

pieptene

щетка

perie

фен

uscător de păr

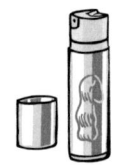

лак для волос

fixator

косметика

machiaj

губная помада

ruj

лак для ногтей

lac de unghii

вата

vată

маникюрные ножницы

foarfece de unghii

духи

parfum

косметичка

neseser

табуретка

taburet

весы

cântar

халат

halat de baie

резиновые перчатки

mănuși de cauciuc

тампон

tampon

игиеническая прокладка

tampon

биотуалет

toaletă chimică

детская комната

camera copiilor

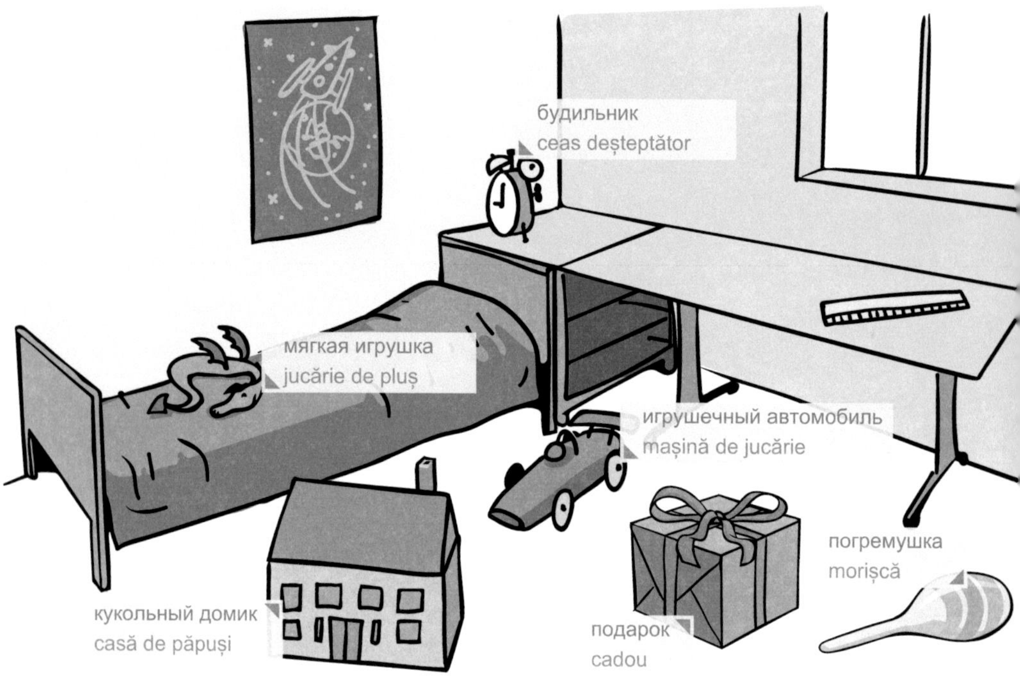
будильник
ceas deșteptător
мягкая игрушка
jucărie de pluș
игрушечный автомобиль
mașină de jucărie
погремушка
morișcă
кукольный домик
casă de păpuși
подарок
cadou

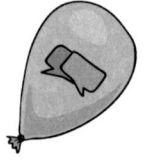

воздушный шар

balon

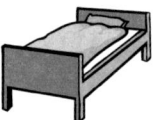

кровать

pat

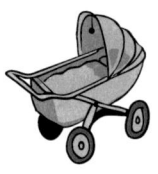

детская коляска

cărucior de copii

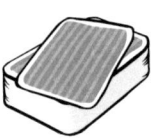

карточная игра

joc de cărți

пазл

puzzle

SUPER
MEGA

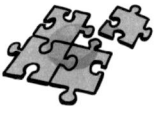

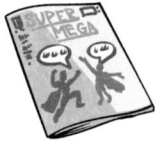

комикс

revistă de benzi desenate

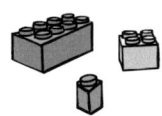

кирпичики Лего

cuburi lego

кубики

piese pentru construcţii

игрушечная фигурка

personaj din filmele de
acţiune

ползунки

body

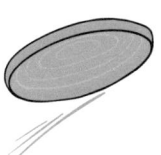

фрисби

frisbee

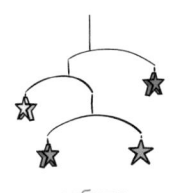

мобиле

mobil

настольная игра

joc de societate

кубик

zar

модель железной дороги

set trenuleţ de jucărie

соска

suzetă

вечеринка

petrecere

книга с картинками

carte cu poze

мяч

minge

кукла

păpuşă

играть

a se juca

песочница

groapă de nisip

качели

leagăn

игрушка

jucării

игровая приставка

consolă video

трёхколесный велосипед

tricicletă

плюшевый медвежонок

ursuleț

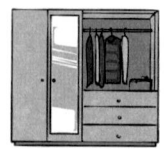

шкаф для одежды

dulap

одежда
îmbrăcăminte

носки

șosete

чулки

ciorapi

колготки

dres

шарф
șal

ремень
curea

зонтик
umbrelă

футболка
tricou

сапоги
cizme

тапки
papuci

кроссовки
pantofi sport

сандалии
sandale

ботинки
încălțăminte

резиновые сапоги
cizme de cauciuc

трусы
chilot

бюстгальтер
sutien

майка
maiou

боди

body

брюки

pantaloni

джинсы

blugi

юбка

fustă

блузка

bluză

рубашка

cămaşă

свитер

pulover

свитер

jerseu

спортивная куртка

sacou

жакет

jachetă

пальто

palton

плащ

pelerină de ploaie

костюм

costum

платье

rochie

свадебное платье

rochie de mireasă

мужской костюм

costum

ночная сорочка

cămașă de noapte

пижама

pijama

сари

sari

платок

batic

тюрбан

turban

паранджа

burka

кафтан

caftan

абайя

abaya

купальник

costum de baie

плавки

șort

шорты

pantaloni scurți

спортивный костюм

trening

фартук

șorț

перчатки

mănuși

пуговица

nasture

очки

ochelari

браслет

brățară

цепочка

lanț

кольцо

inel

серьга

cercel

шапка

căciulă

вешалка

umeraș

шляпа

pălărie

галстук

cravată

застежка молния

fermoar

шлем

cască

подтяжки

bretele

школьная форма

uniformă școlară

форма

uniformă

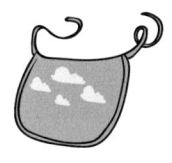

детский нагрудник

bavețică

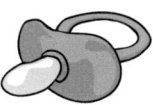

соска

suzetă

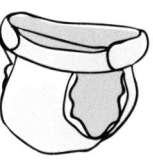

подгузник

scutec

офис
birou

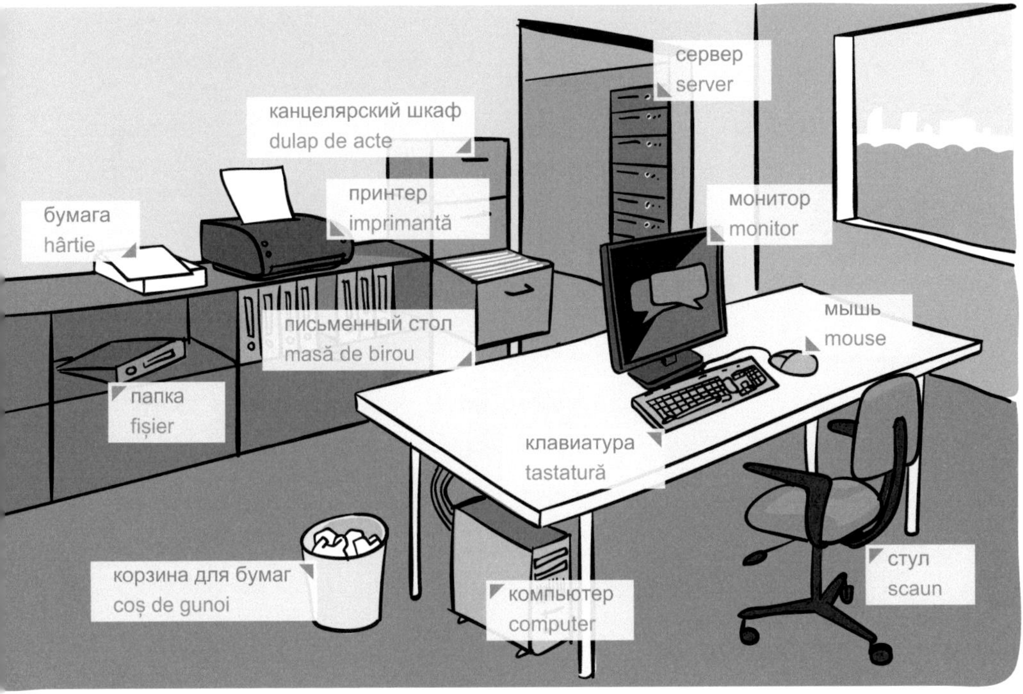
сервер
server
канцелярский шкаф
dulap de acte
принтер
imprimantă
бумага
hârtie
монитор
monitor
письменный стол
masă de birou
мышь
mouse
папка
fișier
клавиатура
tastatură
корзина для бумаг
coș de gunoi
компьютер
computer
стул
scaun

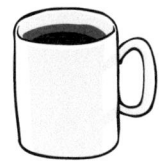

кофейная кружка

ceașcă de cafea

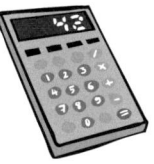

калькулятор

calculator

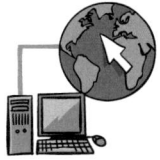

интернет

internet

ноутбук

laptop

письмо

scrisoare

сообщение

mesaj

мобильный телефон

telefon mobil

сеть

rețea

ксерокс

copiator

программа

software

телефон

telefon

розетка

priză

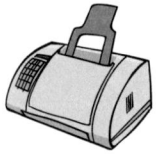

факс

fax

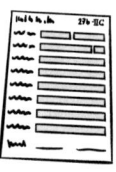

формуляр

formular

документ

document

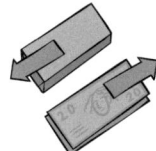

покупать

a cumpăra

платить

a plăti

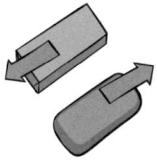

торговать

a face comerţ

деньги

bani

доллар

Dolar

евро

Euro

иена

Yen

рубль

Rublă

франк

Franc Elveţian

жэньминьби юань

renminbi yuan

рупия

Rupie

банкомат

bancomat

пункт обмена валюты

casă de schimb valutar

золото

aur

серебро

argint

нефть

petrol

энергия

energie

цена

preț

договор

contract

налог

impozit

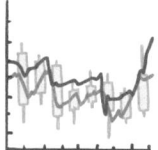

акция

acțiune

работать

a munci

служащий

angajat

работодатель

angajator

фабрика

fabrică

магазин

magazin

профессии
ocupații

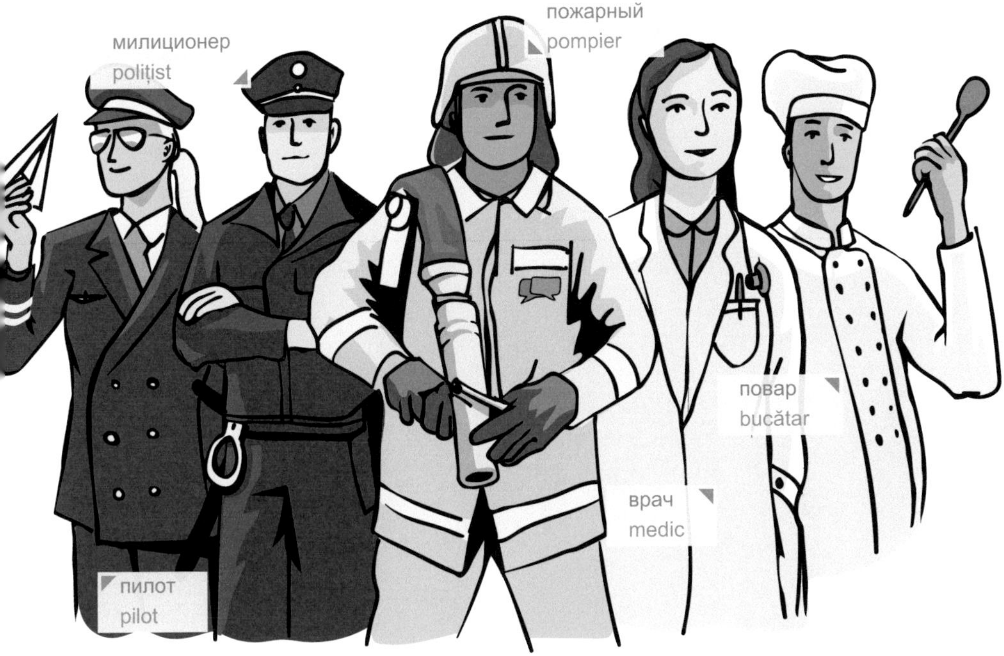

милиционер
polițist
пожарный
pompier
повар
bucătar
врач
medic
пилот
pilot

садовник

grădinar

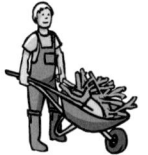

столяр

tâmplar

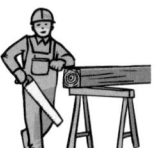

швея

cusătoreasă

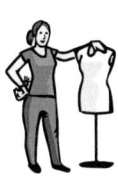

судья

judecător

химик

chimist

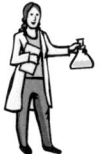

актёр

actor

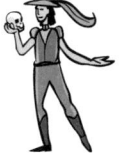

водитель автобуса

șofer de autobuz

таксист

șofer de taxi

рыбак

pescar

уборщица

femeie de serviciu

кровельщик

tinichigiu

официант

chelnăr

охотник

vânător

художник

pictor

пекарь

brutar

электрик

electrician

строитель

muncitor în construcții

инженер

inginer

мясник

măcelar

сантехник

instalator

почтальон

poștaș

солдат

soldat

архитектор

arhitect

кассир

casier

флорист

florar

парикмахер

frizer

кондуктор

controlor

механик

mecanic

капитан

căpitan

зубной врач

stomatolog

ученый

om de știință

раввин

rabin

имам

imam

монах

călugăr

священник

preot

инструменты
instrumente

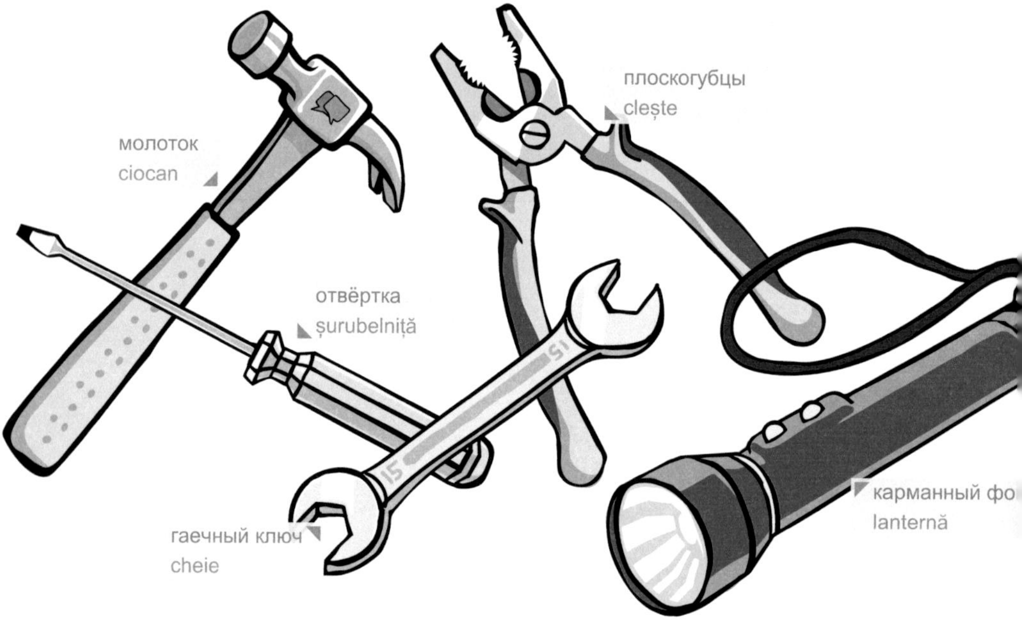
молоток
ciocan
плоскогубцы
clește
отвёртка
șurubelniță
карманный фо
lanternă
гаечный ключ
cheie

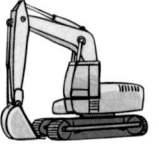

экскаватор

excavator

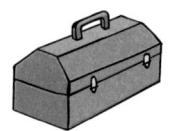

ящик для инструментов

cutie de scule

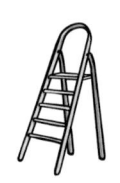

стремянка

scară

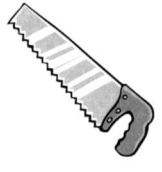

пила

ferăstrău

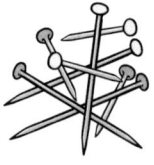

гвозди

cuie

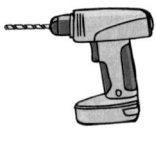

дрель

burghiu

ремонтировать

a repara

лопата

lopată

Блин!

La naiba!

совок

făraș

ведро с краской

vas pentru vopsea

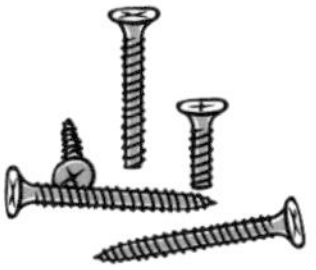

винты

șuruburi

музыкальные инструменты
instrumente muzicale

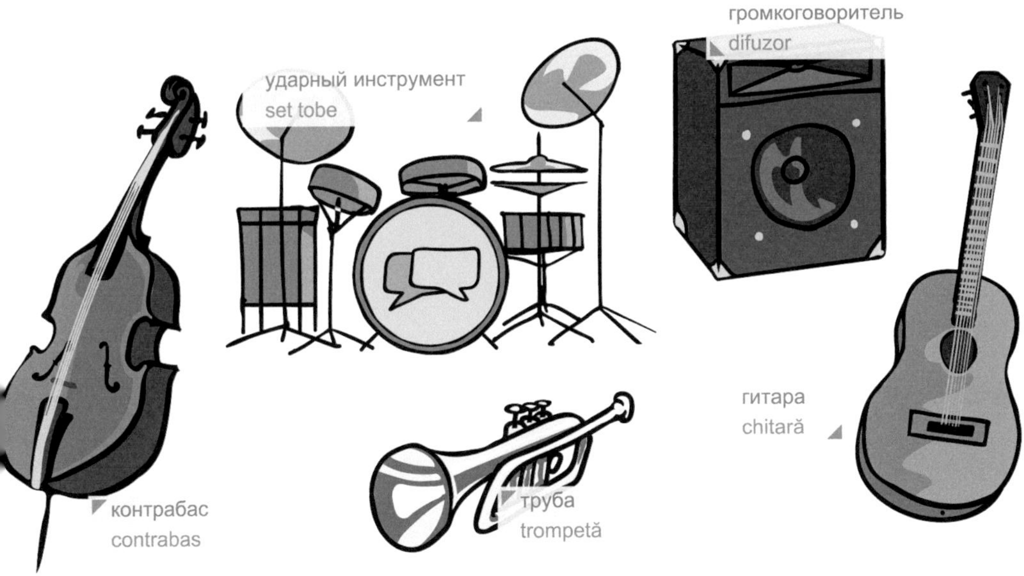

громкоговоритель
difuzor

ударный инструмент
set tobe

гитара
chitară

контрабас
contrabas

труба
trompetă

пианино

pian

скрипка

vioară

бас-гитара

bas

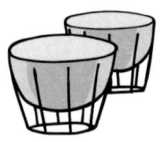

литавры

trombon

барабан

tobă

синтезатор

keyboard

саксофон

saxofon

флейта

fluier

микрофон

microfon

зоопарк

grădină zoologică

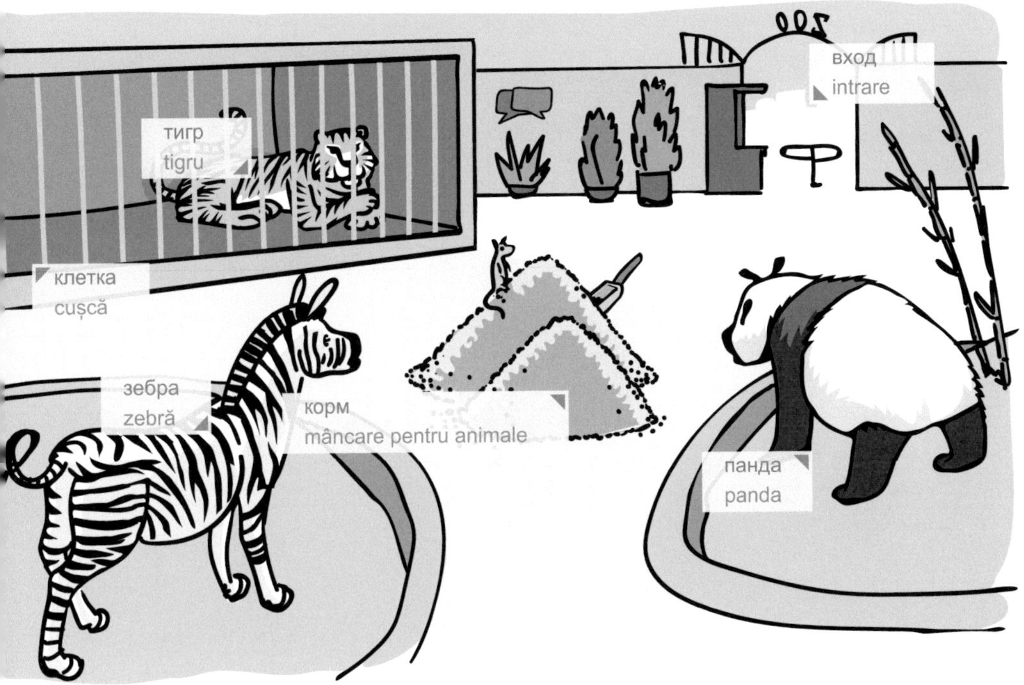
zoo
вход
intrare
тигр
tigru
клетка
cușcă
зебра
zebră
корм
mâncare pentru animale
панда
panda

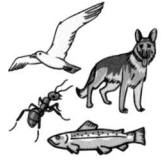

животные

animale

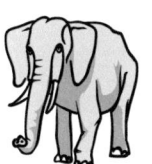

слон

elefant

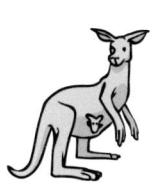

кенгуру

cangur

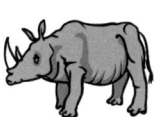

носорог

rinocer

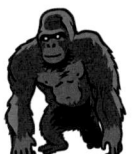

горилла

gorilă

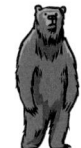

медведь

urs

верблюд

cămilă

страус

struț

лев

leu

обезьяна

maimuță

фламинго

flamingo

попугай

papagal

белый медведь

urs polar

пингвин

pinguin

акула

rechin

павлин

păun

змея

șarpe

крокодил

crocodil

служитель зоопарка

îngrijitor grădina zoologică

тюлень

focă

ягуар

jaguar

зоопарк - *grădină zoologică*

пони

ponei

леопард

leopard

бегемот

hipopotam

жираф

girafă

орёл

acvilă

кабан

porc mistreț

рыба

pește

черепаха

broască țestoasă

морж

morsă

лиса

vulpe

газель

gazelă

американский футбол
fotbal american

езда на велосипеде
ciclism

теннис
tenis

баскетбол
basketball

плавание
înot

бокс
box

хоккей
hockey pe gheață

футбол

fotbal

бадминтон

badminton

лёгкая атлетика

atletism

гандбол

handbal

лыжный спорт

schi

поло

polo

прыгать
a sări

обнимать
a îmbrățișa

смеяться
a râde

идти
a merge

петь
a cânta

мечтать
a visa

молиться
a se ruga

целовать
a săruta

писать
a scrie

рисовать
a desena

показывать
a arăta

нажимать
a împinge

давать
a da

брать
a lua

иметь

a avea

делать

a face

быть

a fi

стоять

a sta în picioare

бежать

a fugi

тянуть

a trage

бросать

a arunca

падать

a cădea

лежать

a sta întins

ждать

a aștepta

носить

a purta

сидеть

a ședea

надевать

a se îmbrăca

спать

a dormi

просыпаться

a se trezi

действия - activități

рассматривать

a privi

плакать

a plânge

гладить

a mângâia

причесывать

a se pieptăna

говорить

a vorbi

понимать

a înțelege

спрашивать

a întreba

слушать

a asculta

пить

a bea

кушать

a mânca

наводить порядок

a face ordine

любить

a iubi

готовить

a găti

ехать

a conduce

летать

a zbura

ходить под парусом

a naviga

считать

a calcula

читать

a citi

учиться

a învăţa

работать

a munci

вступать в брак

a se căsători

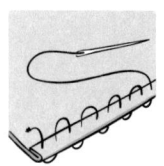

шить

a coase

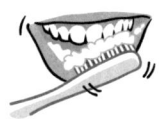

чистить зубы

a se spăla pe dinţi

убивать

a ucide

курить

a fuma

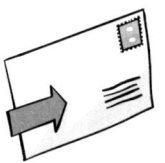

отправлять

a trimite

семья

familie

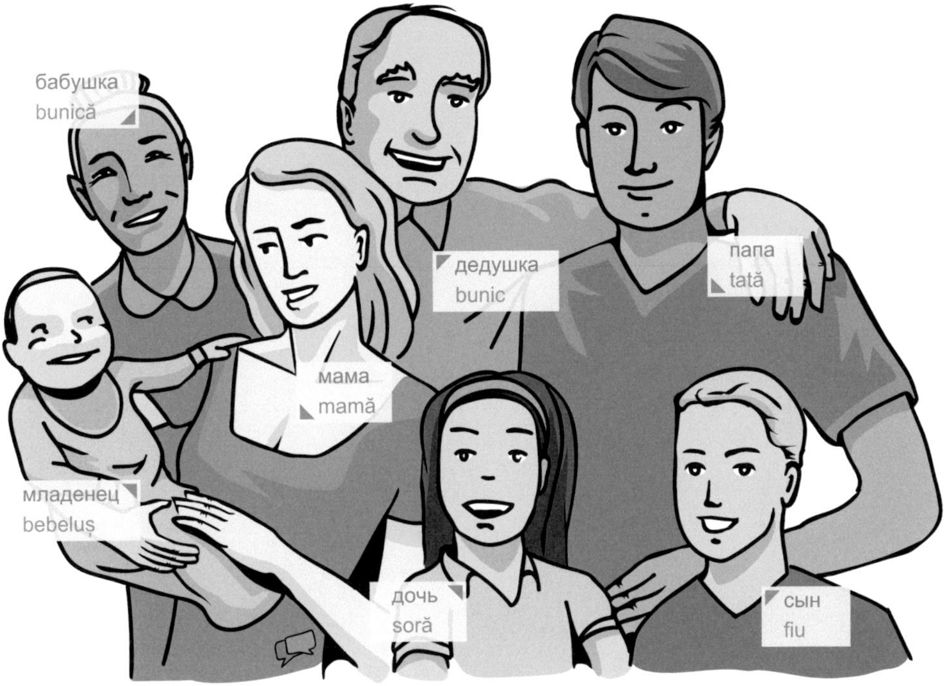

бабушка
bunică
дедушка
bunic
папа
tată
мама
mamă
младенец
bebeluș
дочь
soră
сын
fiu

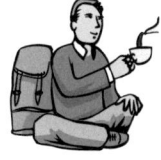

гость

oaspete

тетя

mătușă

дядя

unchi

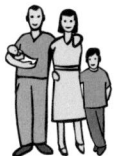

брат

frate

сестра

soră

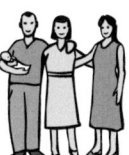

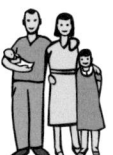

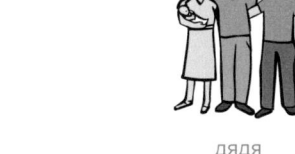

тело

corp

лоб
frunte
глаз
ochi
лицо
față
подбородок
bărbie
грудь
piept
палец
deget
кисть
mână
рука
braț
плечо
umăr
нога
picior

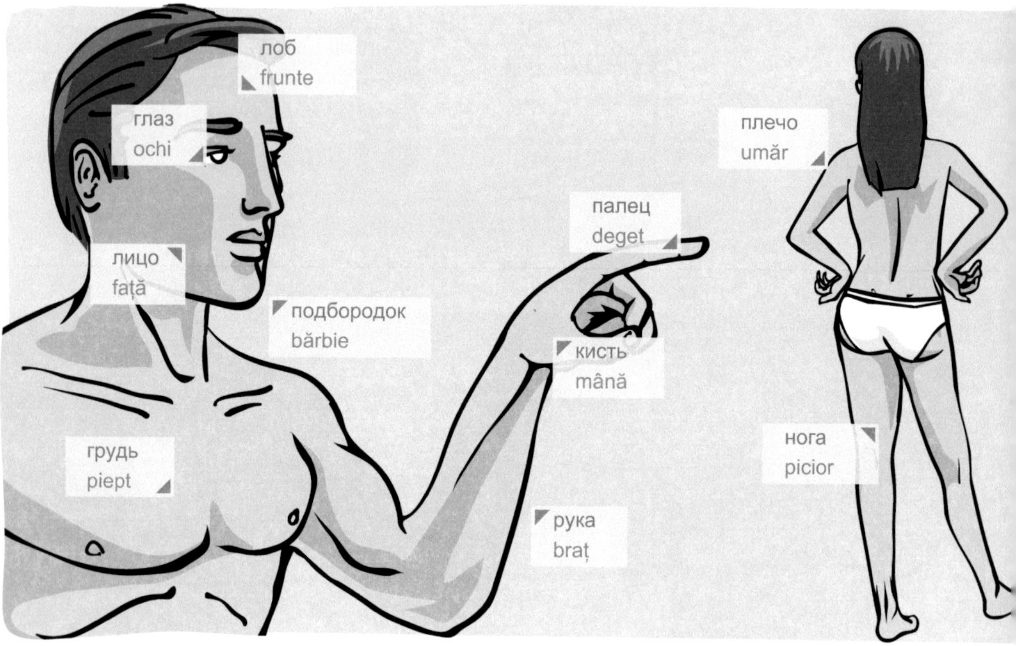

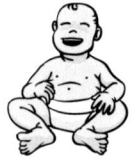

младенец

bebeluș

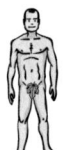

мужчина

bărbat

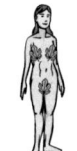

женщина

femeie

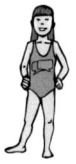

девочка

fată

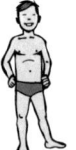

мальчик

băiat

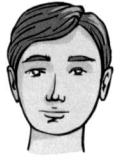

голова

cap

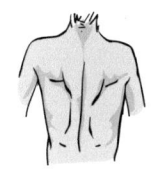

спина

spate

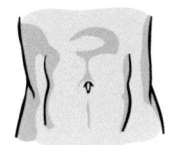

живот

abdomen

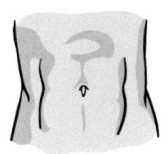

пупок

ombilic

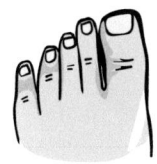

палец ноги

deget de la picior

пятка

călcâi

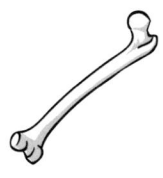

кость

os

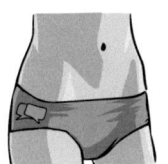

бедро

șold

колено

genunchi

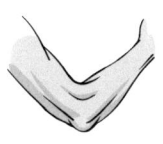

локоть

cot

нос

nas

ягодицы

fund

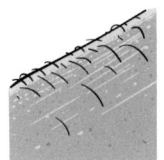

кожа

piele

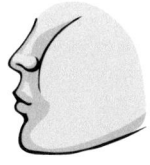

щека

obraz

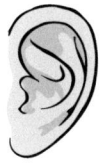

ухо

ureche

губа

buză

рот

gură

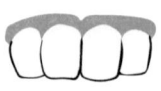

зуб

dinte

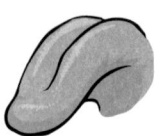

язык

limbă

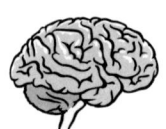

мозг

creier

сердце

inimă

мышца

mușchi

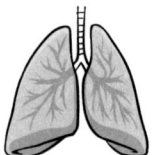

лёгкое

plămân

печень

ficat

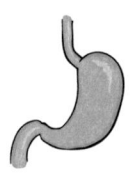

желудок

stomac

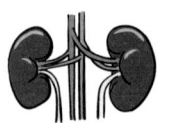

почки

rinichi

половой акт

sex

презерватив

prezervativ

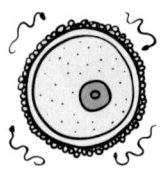

яйцеклетка

ovul

сперма

spermă

беременность

sarcină

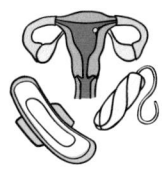

менструация

menstruație

вагина

vagin

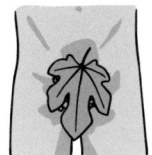

пенис

penis

бровь

sprânceană

волосы

păr

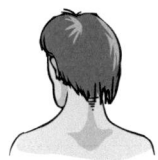

шея

gât

больница

spital

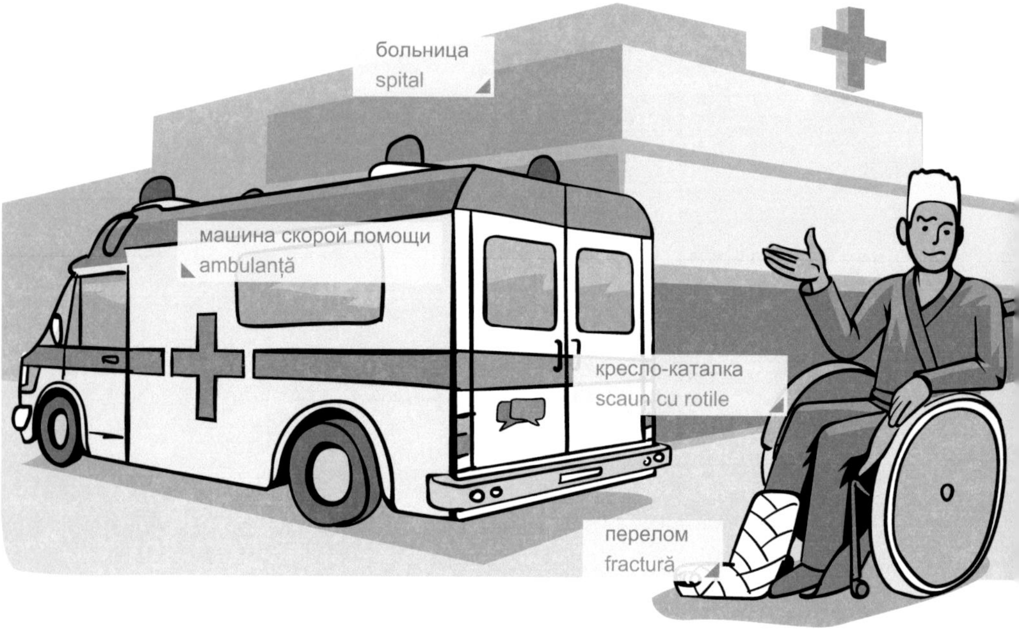

больница
spital
машина скорой помощи
ambulanță
кресло-каталка
scaun cu rotile
перелом
fractură

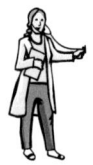

врач

medic

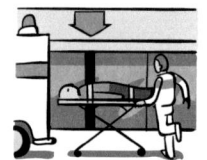

пункт первой помощи

unitate de primiri urgențe

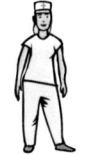

медсестра

soră medicală

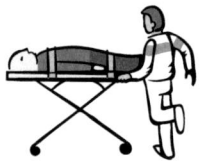

неотложный случай

urgență

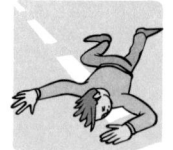

без сознания

inconștient

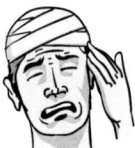

боль

durere

повреждение

leziune

кровотечение

sângerare

инфаркт

infarct miocardic

инсульт

atac cerebral

аллергия

alergie

кашель

tuse

овышенная температура

febră

грипп

gripă

понос

diaree

головная боль

durere de cap

рак

cancer

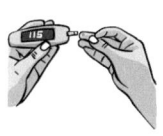

диабет

diabet

хирург

chirurg

скальпель

scalpel

операция

operaţie

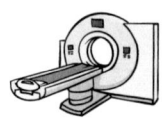

КТ

CT

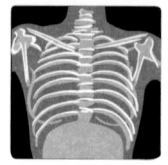

рентген

raze Röntgen

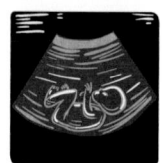

ультразвук

ultrasunet

маска

mască

болезнь

boală

приёмная

sală de așteptare

костыль

cârjă

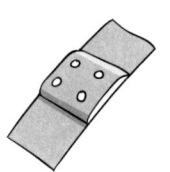

пластырь

plasture

бинт

bandaj

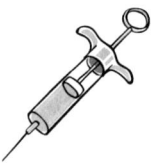

укол

injecție

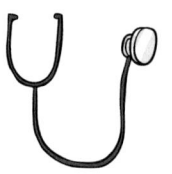

стетоскоп

stetoscop

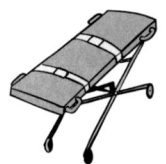

носилки

targă

термометр

termometru

рождение

naștere

избыточный вес

supraponderabilitate

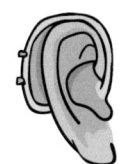

слуховой аппарат

aparat auditiv

дезинфекционное средство
dezinfectant

инфекция

infecţie

вирус

virus

ВИЧ / СПИД

HIV/SIDA

лекарство

medicină

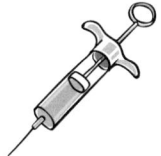

прививка

vaccin

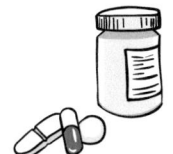

таблетки

tablete

противозачаточная таблетка

pastilă

экстренный вызов

apel de urgenţă

прибор для измерения кровяного давления

aparat de măsurare a presiunii arteriale

больной / здоровый

bolnav/sănătos

Помогите!

Ajutor!

сигнал тревоги

alarmă

нападение

agresiune

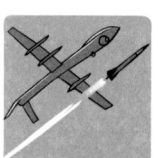

атака

atac

опасность

pericol

запасной выход

ieşire de urgenţă

Пожар!

Foc!

огнетушитель

extinctor

несчастный случай

accident

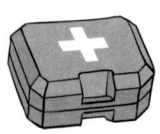

аптечка

trusă de prim-ajutor

SOS

SOS

милиция

poliţie

Европа

Europa

Северная Америка

America de Nord

Южная Америка

America de Sud

Африка

Africa

Азия

Asia

Австралия

Australia

Атлантический океан

Altantic

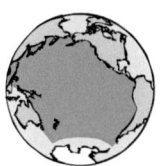

Тихий океан

Pacific

Индийский океан

Oceanul Indian

Антарктический океан

Oceanul Antarctic

Северный Ледовитый
океан

Oceanul Arctic

Северный полюс

Polul Nord

Южный полюс

Polul Sud

Антарктика

Antarctica

земля

pământ

суша

țară

море

mare

остров

insulă

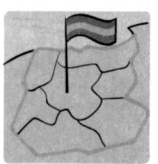

нация

națiune

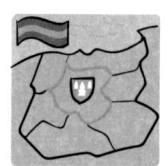

государство

stat

циферблат

cadran

часовая стрелка

orar

минутная стрелка

minutar

секундная стрелка

secundar

Который час?

Cât e ceasul?

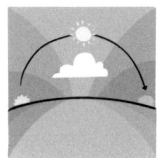

день

zi

время

timp

сейчас

acum

электронные часы

cead digital

минута

minut

час

oră

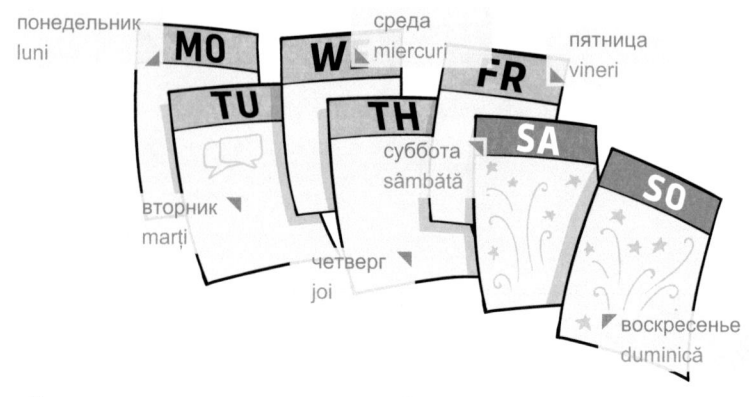

понедельник
luni

среда
miercuri

пятница
vineri

вторник
marți

четверг
joi

суббота
sâmbătă

воскресенье
duminică

вчера

ieri

сегодня

azi

завтра

mâine

утро

dimineață

полдень

amiază

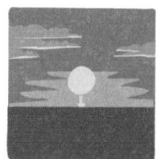

вечер

seară

рабочие дни

zile lucrătoare

выходные

week-end

дождь
ploaie

радуга
curcubeu

ветер
vânt

снег
zăpadă

весна
primăvară

лето
vară

осень
toamnă

зима
iarnă

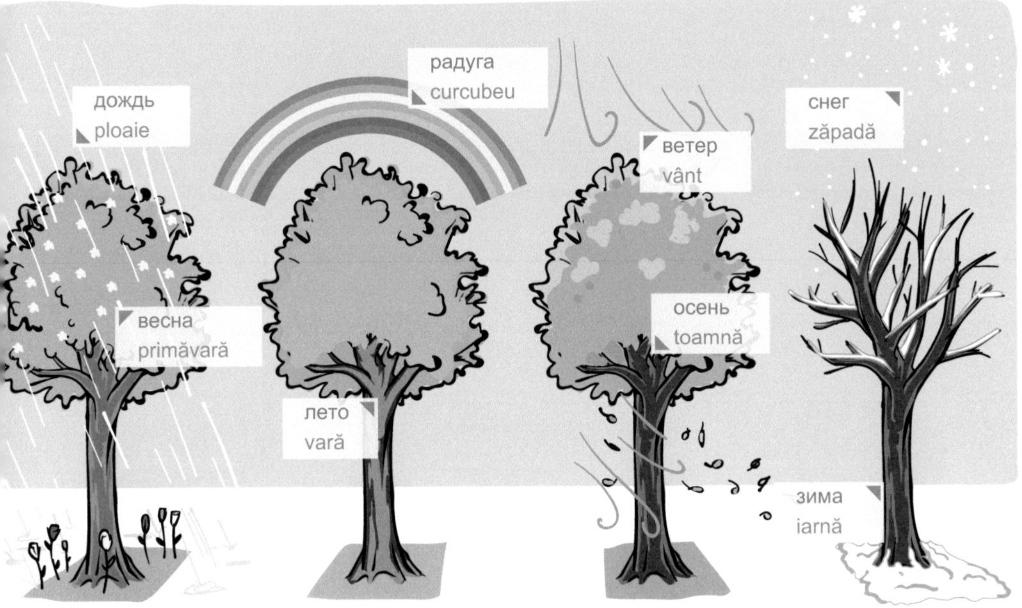

прогноз погоды

prognoză meteo

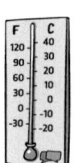

термометр

termometru

солнечный свет

lumina soarelui

туча

nor

туман

ceață

влажность воздуха

umiditate a aerului

молния

fulger

гром

tunet

буря

furtună

град

grindină

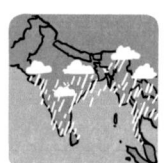

муссон

muson

наводнение

inundaţie

лёд

gheaţă

январь

ianuarie

февраль

februarie

март

martie

апрель

aprilie

май

mai

июнь

iunie

июль

iulie

август

august

сентябрь

septembrie

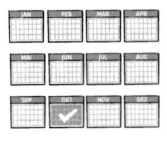

октябрь

octombrie

ноябрь

noiembrie

декабрь

decembrie

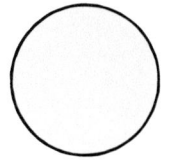

круг

cerc

квадрат

pătrat

прямоугольник

dreptunghi

треугольник

triunghi

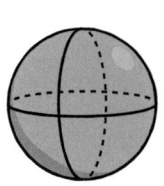

шар

sferă

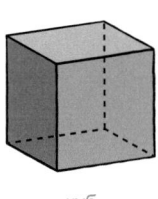

куб

cub

белый

alb

желтый

galben

оранжевый

portocaliu

розовый

roz

красный

roşu

лиловый

violet

синий

albastru

зелёный

verde

коричневый

maro

серый

gri

черный

negru

много / мало

mult/puţin

яростный / мирный

furios/calm

красивый / уродливый

frumos/urât

начало / конец

început/sfârşit

большой / маленький

mare/mic

светлый / темный

luminos/întunecat

брат / сестра

frate/soră

чистый / грязный

curat/murdar

полный / неполный

complet/incomplet

день / ночь

zi/noapte

мёртвый / живой

mort/viu

широкий / узкий

lat/strâmt

съедобный / несъедобный

comestibil/necomestibil

злой / дружелюбный

rău/prietenos

взволнованный /
скучающий
emoționat/plictisit

толстый / худой

gras/slab

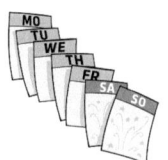

сначала / в конце

primul/ultimul

друг / враг

prieten/inamic

полный / пустой

plin/gol

твёрдый / мягкий

tare/moale

тяжёлый / легкий

greu/ușor

голод / жажда

foame/sete

больной / здоровый

bolnav/sănătos

незаконный / законный

ilegal/legal

умный / глупый

inteligent/stupid

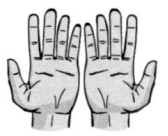

слева / справа

stânga/drepta

близко / далеко

aproape/departe

новый / подержанный

nou/uzat

ничто / нечто

nimic/ceva

старый / молодой

bătrân/tânăr

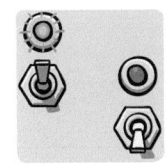

включено / выключено

pornit/oprit

открыто / закрыто

deschis/închis

тихо / громко

încet/tare

богатый / бедный

bogat/sărac

правильный /
неправильный
corect/fals

шероховатый / гладкий

aspru/neted

печальный / счастливый

trist/fericit

короткий / длинный

lung/scurt

медленный / быстрый

încet/repede

мокрый / сухой

ud/uscat

тёплый / прохладный

cald/rece

война / мир

război/pace

противоположности - antonime

0

ноль

zero

1

один

unu

2

два

doi

3

три

trei

4

четыре

patru

5

пять

cinci

6

шесть

șase

7

семь

șapte

8

восемь

opt

9

девять

nouă

10

десять

zece

11

одиннадцать

unsprezece

12

двенадцать

douăsprezece

13

тринадцать

treisprezece

14

четырнадцать

paisprezece

15

пятнадцать

cincisprezece

16

шестнадцать

șaisprezece

17

семнадцать

șaptesprezece

18

восемнадцать

optsprezece

19

девятнадцать

nouăsprezece

20

двадцать

douăzeci

100

сто

o sută

1.000

тысяча

o mie

1.000.000

миллион

un milion

английский

engleză

американский английский

engleză americană

мандаринский китайский

chineza mandarină

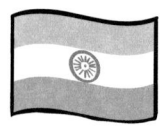

хинди

hindi

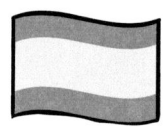

испанский

spaniolă

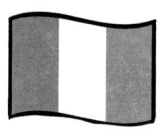

французский

franceză

арабский

arabă

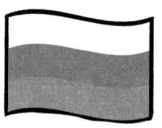

русский

rusă

португальский

protugheză

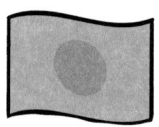

бенгальский

bengaleză

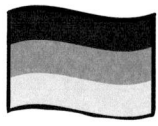

немецкий

germană

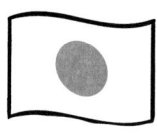

японский

japoneză

я
eu

ты
tu

он / она / оно
el/ea

мы
noi

вы
voi

они
ea

кто?
cine?

что?
ce?

как?
cum?

где?
unde?

когда?
când?

имя
nume

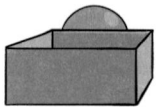

за
....
în spate

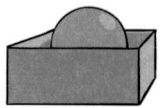

в
....
în

перед
....
înainte

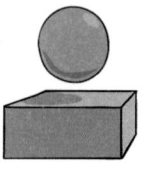

над
....
peste

на
....
pe

под
....
sub

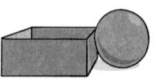

рядом
....
lângă

между
....
între

место
....
loc